Mon jumeau, mon pire cauchemar !

Valérie Gasnier

Table des matières

1ère scène : quelle tête tu as ! 3

2e scène : comme au bon vieux temps ! . 18

3e scène : un camping de pure folie ! 29

4e scène : la nuit dans les bois 49

5e scène : la panne d'électricité............ 74

6e scène : un ver dans ma salade ! 96

7e scène : un peu de sport................ 107

1ère scène : quelle tête tu as !

Jordan et Fabian, deux frères d'une trentaine d'années, se réveillent un beau matin. En vacances pendant une semaine, ils ont décidé de passer quelques jours dans la maison de leur enfance, comme au bon vieux temps. Jordan est menuisier, Fabian quant à lui, est dessinateur et leurs retrouvailles sont à chaque fois quelque peu...

mouvementées ! Buvant une tasse de café, Jordan arrive dans le salon et observe longuement son frère. Ce dernier travaille sur un dessin assez complexe qu'il doit rendre lundi prochain à son supérieur…Après un long silence, Jordan lui demande :

Jordan

Tu as vu ta tête ce matin ?

Fabian

Qu'est-ce qu'elle a ma tête ?

Jordan

Je ne sais pas. Je la trouve changée…

Fabian

Et qu'est-ce qu'elle a de « changée » ?

Jordan

Ben justement je ne sais pas !

Fabian reste interdit, mais répond très calmement :

Fabian

Tu la trouves changée et… tu ne sais pas

pourquoi ???

Jordan

C'est peut-être tes oreilles...

Fabian

Qu'est-ce qu'elles ont mes oreilles ?

Jordan

Je pense qu'elles sont un peu plus décollées que d'habitude !

Fabian

Mes oreilles ??? Mais c'est faux !

Jordan

C'est vrai. Je me suis trompé. Attends, laisse-moi mieux te regarder... Non tu as raison, ce ne sont pas tes oreilles !

Fabian

Ah, tu me rassures !

Jordan

C'est plutôt ton nez !

Fabian

Mon nez ? Et que lui reproches-tu ?

Jordan

Je n'avais jamais remarqué qu'il était aussi long !

Fabian

Mais mon nez n'est pas long du tout ! Dis donc, tu commences à m'agacer ! Qu'as-tu aujourd'hui ?

Jordan

Je ne sais pas. Je te trouve changé…

Fabian

Et ton nez ? Et tes oreilles ? Sont-elles différentes elles aussi ?

Jordan

Non. Les miennes sont pareilles que d'habitude.

Fabian

Ah bon.

Jordan

C'est juste les tiennes qui sont bizarres !!!

Fabian

Bizarres comment ?

Jordan

Bizarres... Oh et puis ce gros bouton sur ton cou, je ne l'avais jamais remarqué !

Fabian commence à s'impatienter.

Fabian

Mais tu vas me laisser tranquille à la fin ?

Jordan retourne dans la cuisine et revient quelques minutes plus tard à la charge.

Jordan

Pourquoi travailles-tu alors que nous sommes en vacances ?

Fabian

Parce que je n'ai pas le choix. Et ça me détend de travailler pendant que tu es là.

Jordan

Ce n'est pas très gentil.

Fabian (*toujours très calmement*)

Je ne suis pas gentil quand on m'importune.

Jordan

Mais je ne t'importune pas. Je m'intéresse seulement à ce que tu fais. Ça m'intrigue...

Surpris par cette remarque, Fabian relève la tête.

Fabian

Ça t'intrigue ? Qu'est-ce qui t'intrigue ?

Jordan

Eh bien... Le fait que tes dessins soient semblables à ceux que tu faisais lorsque nous étions en maternelle par exemple !!!

Fabian

Tes remarques sont pitoyables...

Jordan

Moins que tes dessins !

Fabian

Tu me fatigues…

Jordan

Ça, c'est l'âge qui commence… La trentaine c'est quelque chose. Eh ! On n'a plus 20 ans !

Fabian

Tu dois être dans le même état que moi alors… Nous sommes jumeaux je te rappelle, mon cher.

Jordan

Je suis né après toi je te rappelle, je suis donc plus jeune et en bien meilleure santé !

Fabian

Tu n'as rien à faire à part m'ennuyer ?

Jordan

Non !

Fabian

Laisse-moi tranquille… Va t'occuper. Je sais que tu n'as pas l'habitude, mais ça me fera du bien !

Jordan

Pas à moi ! J'aime trop te faire **SUER** !

Fabian

Il ne se lassera jamais, ce n'est pas possible...

Fabian tente tant bien que mal de se remettre sur son dessin.

Jordan

Pourquoi es-tu habillé ainsi ?

Fabian, très concentré, répond de manière évasive :

Fabian

C'est la tenue que je porte tous les jours...

Jordan

Tous les jours ! Mais tu ne te changes jamais alors ?

Fabian

Mais ce n'est pas possible... Qu'est-ce que je t'ai fait ?

Jordan

Rien. Rien, mais comme je te l'ai déjà fait

remarquer, je te trouve changé ! C'est peut-être... tes pieds finalement !

Fabian

Allons bon, ça recommence... mes pieds maintenant...

Jordan

Non plutôt tes souliers... Tu as pris trois pointures de plus depuis cette nuit ? Tu as de ces panards ma parole !!! *Silence. Fabian ne dit mot, Jordan renchérit* : Tes pieds sont devenus très grands, comme ton bouton en fait, ils ont doublé de volume !!!

Fabian

Laisse-moi travailler veux-tu ? Je dois terminer ces dessins pour lundi prochain.

Jordan

Mais tu ne sais pas dessiner !

Fabian

Silence.

Jordan

Et puis… tu tiens mal ton crayon…

Fabian

Silence.

Jordan

Regarde ! Regarde ! Tes traits ne sont pas droits !!!

Fabian

Silence.

Jordan

Tu ne vas pas rendre ça tout de même ?

Fabian s'arrête alors de dessiner, observe un long moment son frère et lui répond calmement :

Fabian

Mais tu vas bien dis ?

Jordan

Moi oui !

Fabian

Alors pour la dernière fois, laisse-moi terminer

mon travail. Mon patron attend ces dessins pour lundi prochain, je suis venu ici pour les terminer tranquillement, mais j'aurais mieux fait de rester chez moi !

Jordan

Rien ne t'en empêchais !

Fabian

J'ai préféré revenir dans la maison de mon enfance pour être plus inspiré.

Jordan

Oh ! Comme c'est mignon ! Dommage que tu ne puisses plus te plaindre à **PAPA-MAMAN**, comme au bon vieux temps ? Tu aimais bien faire ça à l'époque hein ?

Fabian

Je ne vois pas de quoi tu parles... Et puis, la délation n'est pas mon genre. J'ai toujours assumé **TES** bêtises sans rien dire...

Jordan

MES bêtises ? Et toi, tu n'en faisais jamais peut-être ?

Fabian

Je n'ai pas le souvenir d'en avoir fait autant que toi...

Jordan

Voyez-vous ça ! C'est vrai, suis-je bête...Monsieur est tellement parfait !!! *Jordan s'éloigne, mais revient quelques minutes plus tard à la charge* Tes dessins n'avancent pas vite.

Fabian

Avec toi c'est difficile.

Jordan

Tu es gaucher de la main droite ?

Fabian

Pourquoi me dis-tu cela ?

Jordan

Parce que tu dessines mal ! Tu sais que, lorsque

j'étais en maternelle, je dessinais les bonshommes-têtards mieux que toi !

Fabian

Silence.

Jordan

J'ai de la crème si tu veux ?

Fabian relève la tête et le regarde interdit :

Fabian

De la crème ???

Jordan

Oui… Pour tes boutons !!!

Fabian

Mais tu vas me laisser tranquille à la fin !!! Fous-moi la paix bon sang !

Jordan

Je te dis juste que j'ai ce qu'il faut si tu as besoin de cacher ces affreux boutons… Quelqu'un pourrait prendre peur. Ce n'est pas terrible de voir ça tu sais… En plus, ça suppure !

Fabien interrompt son travail, se lève et regarde longuement son frère avant de lui répondre :

Fabian

Eh bien ce que tu vois, c'est **TOI** !

Jordan

Moi ? Comment ça moi ? Ah non pas du tout ! Tu plaisantes ? Je ne suis pas comme toi, heureusement !

Fabian

Bien sûr que si. Tous ces défauts ce sont aussi les tiens et ma tête c'est la même que la tienne puisque je suis ton jumeau !

Fabian se rassoit et se concentre de nouveau sur son travail. Jordan, vexé, sort de scène. Fabian s'adresse alors au public :

Fabian

Il n'y a pas forcément besoin de s'énerver pour

faire comprendre les choses… Surtout quand on s'adresse à son jumeau.

Fin de la 1ʳᵉ scène.

2ème scène : comme au bon vieux temps !

Même si ses parents n'habitent plus ici, Fabian est heureux de retourner dans la maison où il a grandi. Les odeurs, les souvenirs, les éclats de rire, les visages de chacun lui reviennent en mémoire. Alors, comme au bon vieux temps, il reste tranquillement à faire la grasse matinée et se met à rêvasser.

Fabian est un artiste, un rêveur et il adore se plonger dans ses pensées. Fabian compte bien profiter de cette semaine pour se détendre, mais son frère ne lui en laissera pas l'occasion... Avec un plaisir non dissimulé, Jordan va faire des journées de son jumeau... un véritable cauchemar !

Fabian continue de dormir tranquillement, Jordan entre en scène et se rapprochant tout doucement de son frère, il se met à le singer en faisant d'horribles grimaces puis il lui hurle dans l'oreille :

Jordan

C'est l'heure ! C'est l'heure ! Tu vas être en retard ! Dépêche-toi ! Vite ! Vite !

Fabian se lève d'un bond et lui répond :

Fabian

En retard ??? Oh non ce n'est pas vrai ! Quelle heure est-il ???

Jordan

L'heure... d'aller à l'école !

Jordan éclate de rire. Fier du tour qu'il vient de jouer à son frère, il le regarde d'un air satisfait.

Fabian

Mais tu ne t'arrêteras donc jamais, ce n'est pas possible...

Jordan

Non ! C'est plus fort que moi !!!

Fabian

Si ça t'amuse... mais depuis toutes ces années, tu ne t'en lasses pas ?

Jordan (*riant*)

Nooonnnn ! C'est trop booooooonnn !

Fabian

Tu te contentes de peu de choses alors...

Jordan

Tout à fait ! C'est pour cela que tu es la cible idéale... !

Fabian

Laisse-moi dormir, veux-tu ?

Jordan

Tu aurais bien aimé que les parents t'apportent ton petit-déjeuner au lit comme avant hein ? Eh bien non ! C'est terminé ce temps-là !

Fabian

Mais je n'ai rien dit !

Jordan

C'est à cause de toi que les parents veulent vendre cette maison !

Fabian

À cause de moi ! Mais pourquoi ? Tu es fou ? Au contraire, j'adore venir ici, c'est la maison de notre enfance. Pourquoi m'accuses-tu ?

Jordan

Parce que **JE** l'ai décidé !

Fabian

Tu es abominable avec moi... Tu n'étais pas

comme ça quand tu étais petit.

Jordan

Mais non je te taquine. Tu sais que j'aime bien te taquiner ! Je vais même te prouver que je ne suis pas aussi méchant que tu le prétends... (*s'adressant au public*) Moi, Jordan, 33 ans, je m'engage à apporter ce jour même le petit déjeuner à mon jumeau ici présent !!!

Fabian

Mon Dieu ! Je préfère encore ne rien avaler...

Jordan

Pourquoi dis-tu cela ?

Fabian

Oh pour rien... Comme ça... De simples souvenirs c'est tout...

Jordan

Ah oui ? Tu es peut-être un cordon-bleu toi ? Où est ta toque de chef ? Je ne la vois pas...

Fabian

Je n'irai pas jusque-là, mais en tous les cas, je me débrouille bien mieux en cuisine.

Jordan

Ah oui ?

Fabian

Parfaitement !

Jordan

Alors j'ai la mémoire qui flanche…

Fabian (*se levant de son lit*)

Et les croissants que j'avais faits lorsque papa avait la grippe ? Tu t'en souviens ?

Jordan

Oh ! Ceux-là ? Oui bien sûr ! On m'a donné un pansement gastrique pendant tooouuuute une semaine !

Fabian

Tu es injuste… Et les pains au chocolat pour ton anniversaire ?

Jordan

Après les avoir avalés, je comprends pourquoi je n'ai pas pu le fêter cette année-là...

Fabian

Ah oui ? Et les tartines grillées le matin ?

Jordan

Elles étaient cramées...

Fabian

Et le jus d'orange frais ?

Jordan

Je croquais les pépins que tu avais laissés dedans et je m'étouffais avec de gros morceaux de pulpe...

Fabian

Et les céréales que j'allais acheter quand tu n'avais pas envie d'aller faire les courses ?

Jordan

Elles étaient déprimées...

Fabian

Déprimées ?

Jordan

Périmées je voulais dire…

Fabian

Et les fruits frais ?

Jordan

Ils étaient pourris…

Fabian

Et le lait chaud avec une touche de miel ?

Jordan

Le lait était caillé… D'ailleurs, heureusement que le miel adoucissait le goût…

Fabian

Tu es injuste !

Jordan

Non, je suis juste franc.

Fabian

Tu n'en as vraiment **AUCUN** bon souvenir ?

Jordan

Si…

Fabian

Lequel ?

Jordan

Le jour où j'ai été moi-même faire les courses !

Fabian

D'accord... Mais encore fallait-il savoir cuisiner...

Jordan

Avec les boîtes de conserve et les surgelés, il n'y a pas besoin de prendre des cours de cuisine. Tu verses, tu fais chauffer et il ne te reste plus qu'à avaler... !

Fabien se rassoit, l'air dépité :

Fabian

Tu es un cas désespéré ! N'importe qui renoncerait avec toi !

Jordan

Alors, renonce à faire le petit déjeuner et laisse-moi-le préparer...

Fabian

Après tout… Si cela te fait plaisir…

Fabian se recouche. Jordan prépare le café, les tartines beurrées et les céréales. Mais il met tellement de temps que son frère se rendort ! Puis, Jordan dispose le tout sur un plateau et le porte à Fabian. Mais maladroit comme il est, le plateau tombe par terre dans un fracas assourdissant ! Fabian se dresse d'un bond et dévisage son frère :

Mais ce n'est pas possible…

Jordan

Eh ! J'ai de qui tenir !

Fabian

Nos parents ne sont pas comme ça.

Jordan

Mais je ne parle pas d'eux… Je fais référence à **TOI** !

Fabian

Dommage que les parents ne soient pas là pour nous servir le petit déjeuner, comme au bon vieux temps...

Fin de la 2ᵉ scène.

3ème scène : un camping de pure folie !

3ᵉ jour de vacances. Jordan et Fabian décident de partir en camping. Que va-t-il encore se passer ? Déjà, Jordan se plaint du poids du sac. Fabian, quant à lui, est serein. Toujours rester calme, telle est sa devise, mais avec un jumeau comme Jordan,

c'est parfois difficile ! Le trajet est long, il y a de nombreux dénivelés et Jordan n'en peut plus !

Jordan

Mais qu'est-ce que tu as mis dans mon sac ?

Fabian

Ce n'est pas moi qui ai fait ton sac tout de même !

Jordan

Si je te demande cela, c'est parce que j'y ai mis les mêmes choses que toi !

Fabian

Tu sais que les jumeaux ne sont pas tout le temps obligés de faire pareil ?

Jordan

J'en ai marre de marcher… On n'aurait pas pu prendre la voiture ?

Fabian

Et comment aurait-on fait pour accéder à ces

sentiers ? Tu peux me dire ?

Jordan

Alors, pourquoi ne pas avoir pris la moto ?

Fabian (*regardant autour de lui*)

Nous sommes dans la nature non ? Tout est une question d'harmonie ! Tu vois une moto dans ce cadre idyllique ?

Jordan

Ce que je vois surtout c'est que j'ai faim ! Quand est-ce qu'on s'arrête pour déjeuner ?

Fabian (*poursuivant son chemin*)

Dans deux heures !

Jordan

Deux heures ??? Tu plaisantes ?

Fabian

Non...

Jordan

Je n'aurais jamais dû accepter cette sortie...

Qu'est-ce qui m'a pris de vouloir refaire du camping ? Déjà qu'avec les parents ce n'était pas du gâteau...

Fabian

Moi j'en ai gardé de bons souvenirs...

Jordan

Évidemment, il n'y a que toi pour aimer des choses pareilles !

Fabian

Silence.

Jordan

Quand est-ce qu'on mange ?

Fabian

Silence.

Jordan

Quand est-ce qu'on casse la croûte bon sang !!!

Fabian

Silence.

Fabian continue de marcher et se met à siffloter.
Jordan hausse le ton :

Jordan

Quand est-ce que mon estomac cessera de hurler ? On n'entend que lui dans ta chère nature !!!

Fabian

On est bientôt arrivé. Sois un peu patient…

Jordan

C'est vrai ? Quand ça ?

Fabian

Dans deux heures !!!

Jordan jette son sac par terre et se met à hurler :

Jordan

Moi j'en ai marre ! Je m'arrête ! Je plante ma tente ici ! Que ça te plaise ou non !!! Tu m'entends ???

Fabian se met à sourire et répond calmement à son frère :

Fabian

Moi je veux bien, mais c'est à **TOI** que ça risque de déplaire…

Jordan

Et pourquoi donc ?

Fabian

Je serais de toi, j'ôterais rapidement mon sac de l'endroit où tu l'as posé et je regarderais où je mets les pieds !

Jordan

Ah oui… ? Et pourq… Oh non ce n'est pas vrai !!!

Dans sa fureur, Jordan a jeté son sac sur une énorme bouse de vache et a également posé le pied dedans !

Fabian

Après tout, c'est la nature !

Jordan

C'est pas vrai ! Je suis maudit ! Je te **DÉTESTE** toi et ta nature !!!

Fabian

C'est le pied gauche, cela te portera bonheur !

Jordan

C'est ça. Moque-toi !

Fabian

Je ne me moque pas. Tu sais que c'est utile la bouse de vache ? C'est un excellent compost et un très bon...

Jordan

Oh ! Tais-toi donc ! Tu m'énerves !

Soudain, Fabian s'arrête et regarde le paysage, émerveillé.

Fabian

Jordan, j'ai une bonne nouvelle !

Jordan

Oh je me méfie avec toi !

Fabian

On est arrivé !

Jordan

Ah quand même ! C'est pas trop tôt !

Fabian

Tu vois ce ruisseau un peu plus loin. Nous pourrions nous installer ici non ? Qu'en penses-tu ?

Jordan

J'en pense que j'ai faim et que j'ai mal aux pieds ! J'en ai marrreeeeeee !

Fabian

Allez, ne fais pas ta mauvaise tête va ! Tu pourras même nettoyer ton sac et tes souliers dans le ruisseau !

Jordan (*d'un air ironique*)

Mais quelle joie ! Tu m'en vois ravi ! *Le petit coin de paradis enfin trouvé, nos deux amis déballent leurs sandwichs. Jordan pose le sien sur un rocher et en profite pour se désaltérer un peu. Mais à ce moment, une horde de fourmis s'approche dangereusement des provisions et se glisse dans le sandwich de Jordan !* Haaaaaah, mais ce n'est pas possible !!! D'où ça sort tout ça ???

Fabian

Ne panique pas, elles ne sont pas méchantes enfin !!!

Jordan regarde son frère interdit et prend sa plus grosse voix :

Jordan

Mais je m'en moque qu'elles soient méchantes ou pas !!! Elles n'ont pas à manger mon sandwich ! Ce n'est pas possible ça !

Fabian

Viens, on va monter les tentes, cela va te détendre.

Jordan

Je ne suis pas… **TENDU** ! Je vais essayer de profiter de ce week-end malgré tout. Et d'abord je dresserai ma tente plus tard, pour l'instant je me repose !

Jordan s'éloigne, déplie son tapis de sol, le pose sur l'herbe et s'allonge dessus.

Fabian

Mais il vaut mieux la monter maintenant.

Jordan

Oui papa !

Fabian

Tu me désespères…

Jordan

Bien papa !

Fabian

Il vaut mieux que nous montions nos tentes maintenant, on ne sait jamais, s'il y a de l'orage.

Jordan

Parce qu'en plus, il risque d'y avoir de l'orage ???

Fabian

Peut-être. On ne peut pas savoir.

Jordan

Mais quelle semaine de m... *Là encore, l'opération « montage de tente » va tourner au drame. Soit le sort s'acharne, soit le pauvre Jordan n'est vraiment pas doué ! Après une vingtaine de minutes, Fabian a dressé sa tente. Son frère jette un regard amusé sur son travail.* Pff, mon pauvre frangin ! Ta tente est dressée, mais tu as vu dans quel état tu es maintenant ? On dirait un petit vieux ! Je ne t'envie pas !

Fabian

On verra quand tu monteras la tienne... *lui répond-il tout en terminant de planter les derniers pics.*

Jordan

Mais moi je n'aurai pas à la monter.

Fabian

Ah bon ? Et elle va se monter toute seule peut-être ?

Jordan

Parfaitement !

Fabian

Tu peux m'expliquer comment ?

Jordan

Ah le modernisme de nos jours, c'est beaucoup plus simple ! Mais c'est vrai, toi, tu ne peux pas savoir ce que c'est, tu vis tellement dans ton monde !

Fabian (*toujours calme*)

Explique-toi voyons. Je t'écoute.

Jordan

J'ai acheté une tente qui, lorsque tu la jettes, se dresse toute seule et hop, le tour est joué !

Fabian

Mouais…

Jordan

Tu es jaloux hein ? Hein que tu es jaloux ?

Fabian

Pas du tout ! Chacun ses valeurs c'est tout.

Jordan

Des valeurs ? Quelles valeurs tu as de plus que moi par rapport à ça ?

Fabian

Le fait d'avoir été chez les scouts et pas toi.

Grâce à eux, je suis fier d'avoir appris pendant toutes ces années à savoir me débrouiller dans la nature quoiqu'il arrive, sans céder au modernisme.

Jordan

Ah oui, j'oubliais la modestie de Monsieur... Tu préfères te casser la tête et monter ta tente comme à l'ancienne. Mais enfin, quand comptes-tu évoluer ? Parfois je me dis que ce n'est pas possible, tu n'es pas mon frère...

Fabian

Je ne me plains pas. Pourquoi évoluer dans une société qui ne me correspond pas ? Je suis bien tel que je suis et je resterais avec mes valeurs, même si elles sont anciennes comme tu dis.

Jordan

Heureusement que j'ai emporté du doliprane... Je crois que je vais bientôt en avoir besoin !

Fabian

Par contre, je suis curieux de voir ta trouvaille !

Jordan sort fièrement un petit sac tout plié et lit à haute voix la notice :

Jordan

Tu vois, ce n'est pas compliqué. Sur le papier, ils disent : retirer l'emballage plastique, défaire le lien de serrage ainsi que la fermeture et jeter la tente devant vous, elle retombera dressée sur le sol ! C'est magnifique ! Pourquoi se prendre la tête comme tu l'as fait avec tes piquets ?

Fabian (*prenant un livre et s'allongeant*)

J'ai hâte de voir cela !

Bien décidé à avoir raison de son frère, Jordan suit les indications et jette la tente devant lui. Mais comble de malchance, comme par hasard, au même moment, le vent se lève et une forte bourrasque emporte la tente de Jordan. Cette dernière atterrit dans le ruisseau !!!

Jordan

Mazette ! Ma tente ! Ce n'est pas possible ! Ce n'est pas possible !!! Fabian, fais quelque chose ! Aide-moi ! Tu es mon frère enfin !

Fabian

Il y a deux secondes, je ne l'étais plus, alors débrouille-toi.

Jordan se précipite sur son frère et se met à le secouer :

Jordan

Mais enfin, tu ne vas pas me laisser tomber !!! Allez, aide-moi à la récupérer !

Fabian ne se départit pas de son calme.

Fabian

Tant que tu me secoueras comme un prunier, je ne ferai rien... Et puis... il faut que je réfléchisse...

Jordan

À quoi ?

Fabian

À savoir si j'ai envie de t'aider ou pas...

Jordan

Tu ne me ferais pas ça ?

Fabian observe son frère un long moment sans rien dire puis lui répond :

Fabian

Ben si justement. Débrouille-toi tout seul...
FRANGIN !

Jordan

Sale crapaud, tu me paieras ça ! *Furieux, Jordan essaie tant bien que mal de sortir sa tente du ruisseau. Fabian, amusé par la scène, pouffe de rire derrière son bouquin et le moment tant redouté arrive. Jordan tombe tout à coup à l'eau ! Trempé, il fusille du regard son frère et ressort dans un état lamentable.* Toi ! Je vais t'écrabouiller !

Fabian pose son livre et se dirige vers son frère. Il le repousse calmement et lui dit :

Fabian

Pourquoi tout de suite t'emporter ? Tu crois que cela est bénéfique ?

Jordan

Dans l'immédiat oui ! Je vais te dévisser la tête !

Fabian

Et tu te sentiras vraiment mieux après avoir fait ça ?

Jordan

Ouiiiiiiiiiii !!!!

Fabian

Tu n'auras pas de remords ?

Jordan

Silence.

Fabian

Je vais d'abord te montrer comment tu aurais dû t'y prendre...

Fabian, toujours d'un stoïcisme remarquable, s'empare d'une longue branche et en un rien de temps, récupère la tente, sans être mouillé ! Jordan reste stupéfait. Fabian retourne tranquillement s'asseoir et lui fait remarquer :

Fabian

Regarde, tout est rentré dans l'ordre. Ta tente ne sera pas mouillée bien longtemps, il y a un soleil de plomb. Elle va vite sécher.

Jordan

Je... je... je préfère aller faire un tour... Tu m'énerves ! Tu m'énerves ! Tu m'énerves

Monsieur je sais tout mieux que tout le monde !!!

Fabian (*d'un air faussement innocent*)
Je voulais juste t'aider c'est tout. C'est normal. Je suis ton frère après tout. Je ne pouvais pas te laisser ainsi désemparé. Tu me faisais tellement de peine !

Jordan (*s'éloignant, en colère*)
C'est ça !

Fabian (*reprenant son livre*)
Pendant que tu feras ton petit tour, pense à rapporter un peu de bois pour le feu que nous allons faire ce soir...

Fin de la 3ᵉ scène.

4ᵉ scène : la nuit dans les bois

La nuit est tombée. Un ragoût et de bonnes brochettes les attendent. L'estomac de Jordan ne cesse de réclamer alors pour gagner du temps, il propose de faire du feu.

Jordan attrape deux bouts de bois et les frotte l'un contre l'autre. Après cinq minutes d'efforts, rien ne se passe. Son frère le regarde d'un air amusé.

Jordan

Pourquoi cela ne marche pas ? J'ai vu qu'ils faisaient comme ça dans une émission de télé pour provoquer le départ du feu...

Fabian

Silence.

Jordan

En plus, il fait nuit noire et l'on ne voit rien du tout ! Ah ça commence à me **PLAIRE** ce camping !!!

Fabian

Oh oui c'est étonnant que ça ne fonctionne pas. Essaie donc avec tes lunettes... Ça peut marcher aussi de cette façon.

Jordan

Ah ? Et comment je fais ?

Fabian

Tu orientes tes lunettes vers le soleil et petit à petit, ton bois prendra feu. C'est tout simple…

Jordan

Ah ? Attends, j'essaie…

Jordan n'a pas compris que son frère est en train de se payer sa tête. Il continue de s'acharner sur ses bouts de bois tout en maugréant. Au bout d'un moment, Fabian éclate de rire et lui fait remarquer :

Fabian

Aujourd'hui enfin, je me rends compte que nous sommes vraiment différents ! Ah je suis rassuré… Je ne serais jamais aussi **STUPIDE** que toi !

Jordan

Pourquoi dis-tu cela ?

Fabian

Tes bouts de bois...

Jordan

Oui ?

Fabian

Tu les as assez frottés l'un contre l'autre ?

Jordan

Ben oui...

Fabian

Tu en es bien certain ?

Jordan

Ben oui.

Fabian

Et tes lunettes, tu les as bien tournées vers le ciel ?

Jordan

Ben oui.

Fabian

Au soleil ?

Jordan

Ben... (*se rendant compte de sa bêtise, il se lève d'un bond et se met en colère*) Mais il fait tout noir ! Il n'y aura pas de soleil ! Ça t'amuse de te payer ma tête ??? Je te maudis... Tu n'es... qu'une vermine !

Fabian

Oui mais au moins, je suis rassuré de voir que nous sommes tout de même différents. Moi je suis le cerveau et toi... les muscles ! Enfin ce qu'il en reste !

Jordan

Pardon ?

Fabian

Je plaisante.

Jordan

J'espère... Être mon frère ne te donne pas tous les droits ! Pour qui te prends-tu ?

Fabian

Ne le prends pas mal ? C'était une petite plaisanterie, c'est tout.

Jordan

Il faudrait revoir ton humour.

Fabian

Bon allez, allez... Je m'occupe du feu...

Jordan

Pas question ! Je m'en occupe ! (*prenant son briquet*) Voilà, c'est beaucoup plus simple comme ça !

Fabian

Je ne savais pas que tu avais emporté ton

briquet. Pourquoi ne pas l'avoir utilisé plus tôt ?

Jordan

Parce que je pensais que tu allais encore me donner des leçons de morale avec tes fameux scouts et me dire que ce n'est pas comme ça qu'on fait du vrai camping ! Qu'il vaut mieux faire comme au bon vieux temps, en frottant deux bouts de bois !

Fabian

Mais enfin, le briquet existe depuis longtemps ! On s'en servait chez les scouts ! Tu sais quand a été inventée la pierre à briquet ?

Jordan

Non ! Et je ne veux pas le savoir !

Fabian

Alors tu seras toujours aussi inculte !

Jordan

Je t'emmerde !

Fabian (*calmement*)

Mais enfin Jordan, en frottant deux bouts de bois pour faire du feu, tu es carrément retourné à l'époque des hommes préhistoriques !

Jordan

Ça va j'ai compris ! Oublie-moi maintenant c'est bon !

Fabian

Bon allez, goûtons à ce ragoût et ces brochettes de bœuf, je meure de faim moi aussi.

Jordan (*goûtant*)

Ce n'est pas du bœuf, c'est de la volaille.

Fabian

Non, c'est du bœuf.

Jordan

Je te dis que c'est de la volaille !

Fabian

Et moi je te dis que c'est du bœuf !

Jordan

De la volaille !

Fabian

Du bœuf !

Jordan

De-la-vo-lail-le !

Fabian

Du boeeeuuf !

Jordan

Tu m'emmerdes ! C'est de la vo-lail-le ! Point final !

Fabian

Mais enfin pourquoi me tenir tête tout le temps comme ça !

Jordan (*faisant une grimace enfantine*)

Nia nia nia !

Fabian

Mais c'est pas croyable ! Tu as quatre ans d'âge mental ma parole !

Jordan

Et tu les as aussi puisque tu es malheureusement mon jumeau !

Fabian

Tu auras ma peau...

Jordan

Je n'aime pas tes brochettes... et le ragoût encore moins !

Ça a un goût de carton !

Fabian

Eh bien la prochaine fois tu cuisineras !

Après ce dîner plutôt mouvementé, Jordan et Fabian sont épuisés et décident d'aller se coucher. Ils s'endorment aussitôt. Mais en pleine nuit, Jordan est réveillé par d'étranges bruits.

Il se lève d'un bond et court dans la tente de son frère !

Jordan

Fabian ? Tu dors ?

Fabian

Mmmmm…

Jordan

Fabian ? Réveille-toi ! J'entends des bruits bizarres… Ça me fiche la frousse !

Fabian

Mmmmm… Mais ce n'est rien. Laisse-moi dormir. C'est dehors, c'est la nature…

Jordan

Elle commence à me faire **SUER** ta nature ! Réveille-toi, je te dis !

Jordan secoue son frère, qui se redresse aussitôt :

Fabian

Ce que tu peux être pénible, ce n'est pas

possible ! Qu'est-ce qu'il y a encore ?

Jordan

Je peux dormir avec toi ?

Fabian

Non mais tu plaisantes ???

Jordan

S'il te plaît !

Fabian

Non ! Certainement pas !

Jordan

Alllleeeezzzzz !!!

Fabian

Mais non ! Non, c'est non !!!

Jordan

Ste plaît ! Ste plaît ! Ste plaît !!!!!!!!!

Fabian

C'est une tente pour une personne ! Comment veux-tu qu'on fasse ?

Jordan

Je ne suis pas bien épais ! Regarde contrairement à toi, je n'ai que la peau sur les os, je ne prendrais pas de place !

Fabian

Comment ça contrairement à moi ? Je suis gros peut-être ?

Jordan

Non, pas gros, mais plus enrobé que moi !

Fabian

Et tu crois qu'après cette remarque tu vas pouvoir dormir ici ?

Jordan

Désolé. C'est juste que cette tente est prévue pour deux personnes bien enrobées alors tu vois, tu pourras tout de même bien dormir, il y a de la marge, je ne te dérangerais pas.

Fabian

J'aurais tout entendu ce soir !

Jordan

Allez, sois chic, j'entends des bruits bizarres depuis tout à l'heure...

Fabian

Les parents m'avaient prévenu...

Jordan

De quoi ?

Fabian (*se prenant la tête dans les mains*)
Je savais qu'un jour ça t'arriverait, mais je ne pensais pas aussi tôt...

Jordan

Mais de quoi tu parles ???

Fabian

Mon pauvre jumeau ! Pauvre Fabian...

Jordan

Mais tu vas parler dis ! Qu'est-ce qui se passe ? Qu'est-ce que j'ai ?

Fabian

Tu es sujet aux hallucinations !

Jordan

Pardon ?

Fabian

Mais ne t'inquiète pas… Je suis là ! Je vais t'aider à aller mieux ! Peut-être n'est-ce pas trop tard ! Tu es peut-être juste au début, si tu consultes au plus tôt, tu peux encore t'en sortir !

Jordan

Tu vas arrêter ton cinéma oui ? C'est toi qui es en train de délirer ! Écoute au moins, tu verras bien ! *Fabian tend l'oreille. Jordan se met à sursauter.* Alors hein ? Et ça ? Ce bruit ? Qu'est-ce que c'est ? C'est ta nature aussi ? On fait moins le mail là hein !!!

Impossible, Fabian lui répond :

Fabian

Tu as raison. C'est terrible…

Jordan (*effrayé*)

Quoi ??? C'est…c'est quoi ?

Fabian

C'est une légère brise de vent.

Jordan

Très drôle. Et ça ? Qu'est-ce que c'est ?

Fabian

Une chouette…

Jordan

Et ça ?

Fabian

Un buisson qui bouge…

Jordan

Et il bouge tout seul ton buisson ???

Fabian

Oui, il peut bouger avec le vent ! C'est tout à

fait normal !

Jordan

Et ça encore ??? Ce bruit-là ? C'est... c'est une limace peut-être ???

Fabien (*interdit*)

Une limace ???

Jordan

Oui, comme toi ! *Fabian n'en revient pas* Je suis sérieux... J'entends des bruits que tu n'entends pas...

Fabian

Tu es fou à lier surtout ! *Fabian est soudain attiré par un bruit sourd et inquiétant. Effrayé, il regarde son frère* : Qu'est-ce que c'est ?

Jordan

Ah ! Quand même ! Juste pour le plaisir de voir ta tête, je suis content de réentendre ce bruit !

Tu vois que je ne suis pas fou ! C'est quoi ça ! Ta chouette ? Ton buisson peut-être ?

Le bruit reprend.

Fabian

Bien. Restons calmes. Ne paniquons pas.

Jordan

Et…et si on rentrait à la maison ?

Fabian

Maintenant ??? En pleine nuit ??? Il n'en est pas question !!! Et si c'était un rôdeur ?

Jordan

Un rôdeur ??? Maman ! Papa ! J'ai peurrrrr ! Et si c'était un malade ? Quelqu'un qui veut nous agresser ?

Fabian

Reprends-toi voyons ! À quoi te servent tes cours de boxe ?

Jordan

Je n'ai jamais boxé de rôdeurs !!!

Fabian

Tais-toi donc un peu maintenant ! On peut compter sur toi pour ne pas nous faire repérer avec tes cris de gonzesse !

Jordan

Tu crois qu'une tente ça ne se repère pas ? Et puis chuis pas une gonzesse d'abord !

Fabian

Chut... Parle-moi fort.

Jordan

On rentre ?

Fabian

Non ! On campera **ICI** jusqu'au bout ! Rôdeur ou pas rôdeur !

Jordan

S'il te plaît ! J'ai tellement peur que...que je crois

que je vais faire pipi !

Fabian

Ah non hein ? Pas ici ! Tu sais combien m'a coûté ce matelas ?

Jordan

Tu n'avais qu'à mettre une alèse !

Fabian

Non mais…une alèse ? En camping sauvage ??? Je rêve ! On met des alèses pour les enfants ou les gens qui ont des incontinences ! C'est mon cas peut-être ?

Jordan

Ça, je ne sais pas… mais moi je suis précoce dans les incontinences !

Fabian

Quand cesseras-tu donc de dire des sottises… (*tendant l'oreille*) Tu entends ?

Jordan (*affolé*)

Quoi encore ? Quoi ?

Fabian

Il n'y a plus de bruit !

Jordan

Tu m'as fait peur, idiot !

Fabian

Ah ben voilà ! À trop vouloir être gentil, je me fais insulter !

Jordan

On rentre ?

Fabian

Non, tu n'as qu'à rentrer si tu veux, moi je reste.

Jordan

Tu laisserais ton pauvre petit frère errer tout seul dehors alors qu'il y a peut-être un égorgeur de têtes ?

Fabian

Quelle imagination ! Mon Dieu !!! Un égorgeur de têtes ??

Jordan

Je ne partirai pas seul.

Fabian

Alors dors ! Tu n'as pas emporté de somnifères ?

Jordan

C'est ça ! Mais quelle excellente idée ! Comme ça, si je ne me réveille pas à temps, le rôdeur aura encore plus de facilité à me couper la tête !

Fabian

Je te promets que, une fois rentrés à la maison, que tu le veuilles ou non, je t'emmène consulter **EN URGENCE** !

Jordan

Si tu veux... Alors, on rentre ?

Fabian

Non !

Jordan

Mais on a assez campé !

Fabian

Mon pauvre frangin... Non, pour la dernière fois, on reste ici ! Ne t'inquiète pas, la nuit va vite passer...

Jordan

Bon... Je vais essayer de dormir.

Fabian

À la bonne heure !

Les deux frères se couchent.

Jordan

Je peux te tenir la main ?

Fabian

Non ! Dors ! Merde !

Jordan

Oh ! Tu m'as insulté ! Tu as osé !

Fabian

« Merde » ce n'est pas une insulte.

Jordan

Pour moi si.

Fabian

Silence.

Jordan

Tu ne veux pas me chanter une berceuse ?

Fabian

Ça va être comme ça toute la nuit ?

Jordan

Ça risque oui !

Fabian (*se levant*)

Bon, moi je vais dormir dehors à la belle étoile

et je te laisse ici, ça suffit !

Jordan

Non ! J'arrête ! Promis !

Fabian

Tu as intérêt !

Jordan

Promis.

Jordan décide de prendre sur lui et se tait, laissant efin son frère dormir sereinement.

Fin de la 4ᵉ scène.

5e scène : la panne d'électricité

Jordan et Fabian, bien contents de retrouver leur petit nid douillet, ont décidé en cette belle journée... de ne rien faire ! Après leur nuit dans les bois, ils ont réalisé que rien ne remplace une maison... Même Jordan ! Aussi, installé confortablement dans

le salon, chacun prend un bouquin et lit tranquillement. Mais là encore, Jordan ne va pas résister à la tentation d'agacer son frère !

Jordan

C'est quoi ce que tu lis ?

Fabian

On dit : qu'est-ce que tu lis.

Jordan

Si tu veux. C'est pareil...

Fabian

Non ce n'est pas pareil. La langue française est très riche et les gens passent leur temps à la négliger et à...

Jordan

Oui bon. Bref. Qu'est-ce que tu lis ? Comme ça, tu seras content !

Fabian

« Les cinq cents grandes théories en

psychologie comportementale et cognitive ».

Jordan

Ah oui quand même… Ça te sert à quoi de lire des trucs aussi bizarres que ça ?

Fabian

À supporter les individus dans ton genre…

Jordan

Silence.

Fabian

Et toi ? Quelle est donc la lecture qui te passionne ? C'est rare que tu te plonges dans un livre…

Jordan

Comment ça ? Qu'est-ce que tu insinues ? Que je ne lis jamais ?

Fabian

Oui, en quelque sorte.

Jordan

Eh bien tu pourrais être surpris mon cher…

Fabian (*d'un air moqueur*)

Vas-y, je suis curieux de connaître le titre de ton ouvrage…

Jordan

Alors tiens-toi bien…

Fabian

Je suis assis. Tu peux y aller !

Jordan

Je lis : « *génération rugby* ».

Fabian

C'est un livre ça ?

Jordan

Non, c'est un magazine, mais c'est pareil il y a des textes dedans.

Fabian

Non, je crois que tu n'as pas très bien compris.

Ce n'est pas du tout pareil.

Jordan

Oui bon, il y a peut-être un peu plus d'illustrations dans mes magazines, mais tu sais que c'est formidable aussi les images ?

Fabian

Ah bon ?

Jordan

Oui, tu gagnes un temps fou !

Fabian

Comment cela ?

Jordan

Eh bien tu comprends tout ce qui se passe en regardant une image et tu n'as pas besoin de lire des textes ennuyeux au possible !

Fabrice est septique et reprend la lecture de son roman.

Fabian

D'accord... Je vois.

Jordan (*satisfait*)

Ah ! J'étais sûr que tu me comprendrais !

Fabian

Silence.

Jordan

Mais tu sais que j'ai pensé à toi aussi, il y a beaucoup de thèmes qui t'intéresseraient dans mes magazines !

Fabian (*continuant sa lecture*)

C'est gentil...

Jordan (*s'emportant*)

Non mais c'est vrai ! Je ne plaisante pas !

Fabian

Mais je n'ai pas dit que tu plaisantais !

Jordan

À d'autres ! Tu ne crois pas un mot de ce que

je viens de te dire ! *Silence...puis au bout d'un monent* Par contre, j'ai trouvé une collection de livres qui pourraient vraiment t'intéresser. Je me suis arrêté dessus la dernière fois en librairie.

Fabian

Tu es rentré dans une librairie toi ? Ça alors ! Il va neiger...

Jordan

Oui, pour acheter mes magazines et mes cigarettes en même temps !

Fabian

Ah, je me disais aussi...

Jordan

Et ce jour-là donc, j'ai vu toute une collection pour toi.

Fabian

Ah oui ? Qu'est-ce que c'était ?

Jordan

Alors, il y avait : La relaxation pour les nuls, savoir séduire pour les nuls, la cuisine pour les nullissimes, savoir communiquer en société pour les nuls, s'affirmer dans un groupe pour les nuls... Et plein d'autres encore !

Fabian

Tu as raté ta vocation de comique ma parole. Tu es très drôle par moment.

Jordan

Oui je sais ! Désolé de ne pas t'avoir pris un de ces livres, mais vraiment, je ne savais pas lequel choisir, tu rentrais dans tous les critères. Je me serais ruiné !

Fabian ne répond pas et continue de lire tranquillement. La journée passe ainsi.

Pendant le dîner, une panne d'électricité survient. Jordan se met alors en colère et reproche à son frère :

Jordan

Eh voilà... ! Je t'avais bien dit qu'il fallait changer l'ampoule, sombre idiot ! Mais tu ne m'as pas écouté une fois de plus !

Fabian

Il fallait la changer toi-même si tu étais si pressé...

Jordan

Tu es l'aîné je te rappelle.

Fabian

L'aîné de quoi ? Tu plaisantes j'espère !

Jordan

Pas du tout ! C'est donc à toi de changer l'ampoule. Cette responsabilité ne m'incombe guère... Tu dois continuer de montrer l'exemple.

Fabian

Non mais je rêve !

Jordan

Moi je m'en moque de cette lumière, c'est plutôt toi que ça va gêner. Tu as toujours le nez dans tes bouquins. Et puis comment vas-tu faire pour dessiner ? Tu es toujours dans cette pièce. Moi je peux aller ailleurs...

Fabian

Tu es vraiment... immature !

Jordan

C'est normal, je suis plus jeune que toi.

Fabian

Tu vas arrêter avec ça ! Je n'en reviens pas que tu sois incapable de changer une ampoule...

Jordan

Je ne suis pas incapable !

Fabian

La preuve que si !

Jordan

Ok. Je vais la changer ton ampoule et puis voyons le bon côté des choses…

Fabian

Ah oui ? Lequel ?

Jordan

Si je ne réussis pas, je ne verrai plus ta bobine dans le noir !!!

Fabian

Bon, alors tu la changes ou pas ?

Jordan

Si je veux… d'abord !

Fabian

À part cela, c'est moi qui suis immature…

Tout en maugréant, Jordan monte sur un tabouret, mais n'est pas du tout à l'aise. Ayant peur de la hauteur, il s'agite dans tous les sens... Fabian le regarde interdit. Il lui demande alors :

Fabian

Mais...arrête de t'agiter de la sorte !!! Tu es ridicule ! Qu'est-ce qu'il t'arrive encore ?

Jordan (*exaspéré*)

Rien !

Fabian

Mais si !

Jordan

Non ! Occupe-toi de tenir le tabouret !

Fabian

Tenir le tabouret ? Pourquoi ?

Jordan

Silence.

Fabian

Avec toi au moins, la science est sûre d'une chose…

Jordan

Quoi donc ?

Fabian

Nous descendons bien du singe… *Jordan abandonne et se rassoit.* Mais tu n'as donc vraiment jamais changé une ampoule de ta vie ?

Jordan (*gêné*)

Non.

Fabian

Pourquoi ?

Jordan

Parce que j'ai peur…

Fabian

Peur ? Mais peur de quoi ?

Jordan (*s'énervant*)

Du vide ! De la hauteur ! Voilà ! Je ne l'ai jamais dit à personne, mais je suis paralysé dès que je grimpe sur quelque chose de haut…

Fabian

Quelque chose de haut ? Mais tu es monté sur un tabouret ! Tu n'as pas escaladé une corniche !!!

Jordan

Même…

Peiné pour son frère, Fabian se met à réfléchir. Comment résoudre ce problème ? Il a alors une idée :

Fabian

Je sais !

Jordan (*rassuré*)

Ah ? Tu vas changer l'ampoule ?

Fabian

Non, non non... **NOUS** allons changer l'ampoule !

Jordan

D'accord. Tu montes et je te la passe d'en bas !

Fabian

Non. Nous allons prendre chacun un tabouret et monter tous les deux, ensemble, en même temps. Tu dois vaincre cette peur ridicule !

Jordan

Je préfère être ridicule et ne rien me casser !

Fabian

Mais tu ne vas pas te blesser ! Fais un petit effort enfin ! En plus je suis là, qu'est-ce que tu risques ?

Jordan

Justement tout ! Surtout avec toi !

Fabian

Ce n'est pas très gentil de dire cela. Je suis ton frère jumeau et je suis là quand tu as besoin, c'est mon devoir, c'est normal.

Jordan

Et tu crois que ça me rassure ? Je n'ai aucune confiance en toi ! Tu vas plutôt m'aider à me casser la jambe oui !

Fabian

Tu sais. Je ne t'en veux pas. Ce n'est pas vraiment toi qui parles. C'est ta peur qui te rend mauvais… Je comprends ce que tu ressens. C'est parce que tu m'aimes beaucoup que tu te venges ainsi sur moi et que tu rejettes la main que je te tends… Mais je ne te laisserai pas tomber tu sais. Tu pourras toujours compter sur moi… Je serai avec toi dans les moments difficiles comme cette épreuve que tu n'arrives pas à surmonter… Mais ensemble, on y arrivera, tu verras !

Jordan

Ça y est, t'as fini ?

Fabian

Oui.

Fabian monte sur son tabouret et fait signe à son frère d'en faire autant. Mais Jordan refuse.

Jordan

Mon tabouret est trop loin du tien. *Fabian redescend et rapproche le tabouret de son frère.* Voilà. Maintenant tu peux monter ! Tu peux le rapprocher encore un peu ? *Fabian décale le tabouret une nouvelle fois.* Encore un peu… *Fabian s'exécute.* Encore un peu. *Fabian s'exécute de nouveau, très calmement.* Encore un peu plus près.

Fabian

Dis donc, tu ne te paierais pas ma tête par hasard ?

Jordan (*d'un air ironique*)

Mais pas du tout voyons ! Jamais je n'oserais !

Jordan regarde l'ampoule au plafond et reste dubitatif. Puis d'un air plus sérieux, il suggère à son frère : Mon tabouret est trop en arrière par rapport à l'ampoule du plafond. Je risque d'être courbé et de me faire mal au dos. Il faudrait le rapprocher une nouvelle fois.

Fabian redescend une nouvelle fois et avance le tabouret.

Fabian

Et maintenant ?

Jordan

Maintenant... (*réfléchissant*) Il est un peu trop à droite. *Fabian remet une nouvelle fois le tabouret.*

Non. Un peu trop à gauche... *Patiemment, Fabian obéit et repositionne une nouvelle fois le tabouret.* Non, non... encore plus à gauche !

Fabian

Silence.

Jordan

Non finalement à droite !

Fabian s'arrête et observe son frère un long moment. Il lui demande alors :

Fabian

Mais pour qui me prends-tu ? Je ne suis pas un polichinelle !!!

Jordan

Mais non il ne faut pas dire ça enfin ! Je pense même que tu es le meilleur frère que quelqu'un puisse avoir. Vraiment.

Fabian (*se calmant*)

Tu penses sincèrement ce que tu viens de

dire ?

Jordan

Bien sûr.

Fabian

Je suis vraiment touché !

Fabian s'éloigne un peu. Son frère se met à pouffer de rire et lui répond :

Jordan

Et tu es surtout un VRAI guignol ! Le pantin rêvé des culottes courtes !

Fabian

Tu peux dire ce que tu veux. En attendant, ce n'est pas moi qui ai le vertige sur un tabouret de trente centimètres de haut.

Froissé, Jordan lui répond :

Jordan

Ah oui ?

Fabian

Je ne voulais pas te le dire pour ne pas te blesser, mais j'ai honte pour toi. C'est vraiment très gênant ce qui t'arrive... Une peur aussi irrationnelle ne peut que révéler chez toi quelque chose qui ne va pas... Un certain problème...

Jordan

Je suis fou ? C'est ça que tu essaies de me dire, frère indigne ? Tu n'as pas honte ?

Fabian

Ce sont tes lèvres qui ont parlé, pas les miennes.

Jordan

Ah oui ?

Terriblement vexé, Jordan s'empare du tabouret, le place juste au-dessous de l'ampoule et monte dessus. Il semblerait que la peur ait fait place à la colère, car il ne semble plus du tout avoir le vertige ! Plus surprenant encore, il la change en un rien de temps et redescend fièrement : Alors frère indigne ? On ne dit plus rien là hein ? Va donc soigner tes **BOUTONS** !

Jordan sort de scène. Fabian, décontracté et souriant, s'adresse au public :

Fabian

C'est vrai que je suis le frère que tout le monde rêverait d'avoir... Il a vaincu sa peur et... il l'a finalement changé son ampoule !

Fin de la 5ᵉ scène.

6ᵉ scène : un ver dans ma salade !

Les deux frères s'apprêtent à dîner et ce soir c'est... salade. Mais là encore, pour ne pas changer, quelque chose ne va pas ! Jordan est outré, il vient de trouver comment dire... une chose, une bestiole

inattendue sur ses feuilles de laitues… et sa réaction va être comment dire… très électrique !

Jordan

J'ai un ver ! Fabian ! J'ai un ver dans **MA** salade ! La salade que tu **AS** faite ! C'est inadmissible ! Intolérable ! Inacceptable !

Fabian

Un ver ? Ce n'est pas possible ?

Jordan

Ah oui ? Et pourquoi ce n'est pas possible ?

Fabian

Parce que je n'en ai pas dans la mienne !

Jordan

Me traiterais-tu de menteur ?

Fabian

Pas le moins du monde ! Je suis juste très surpris par ta remarque.

Jordan

Ah oui ? Et qu'est-ce que c'est que cette chose alors ?

Fabian

Ça ? C'est un morceau de concombre.

Jordan

Non ça !

Fabian

Ah ça ? C'est un bout de courgette.

Jordan

Tu le fais exprès ou quoi ? Regarde ! Qu'est-ce que c'est que ce truc-là ?

Fabian (*regardant mieux*)

Ah mais oui… ! Là ?

Jordan

Ouiiiiiii !

Fabian

Une câpre. Mais tu ne connais donc rien ?

Jordan (*en colère*)

Tu sais ce que je vais en faire de ta salade moi ???

Fabian

Oui tu vas la manger.

Jordan

Tu vas surtout goûter la mienne !

Fabian (*très calmement*)

Je ne vois pas pourquoi. J'ai bien assez de la mienne. C'est la même que la tienne.

Jordan

La même... mais sans ver !!!

Fabian

Il n'y a pas de ver !

Jordan

Si !

Fabian

Non !

Jordan

Siiiiiiiii !

Fabian

Et même s'il y en avait ! De quoi te plains-tu ?

Jordan (*interdit*)

Pardon ?

Fabian

Les vers sont pleins de protéines. Ma salade est moins riche que la tienne. Tu devrais être content. Je ne te comprends pas...

Jordan observe un long moment son frère et finit par lui répondre :

Jordan

Te rends-tu compte de l'énormité de ce que tu viens de dire ? (*s'énervant*) Tu vas me retirer immédiatement ce ver de ma salade !!!

Fabian (*observant la salade de son frère*)

Non... je ne vois pas où est le problème Jordan.

En plus, il est minuscule ce ver, tu fais une montagne d'une petite colline !

Jordan

Retire-moi ce ver **IMMÉDIATEMENT** !

Fabian

Mais enfin, tu n'en fais qu'une bouchée ! C'est tout et c'est réglé !

Jordan (*s'impatientant*)

Commet ça c'est réglé ??? Mais non, pas du tout ! Donne-moi ta salade et tu vas manger la **MIENNE** !

Fabian

Désolé. C'est impossible.

Jordan

Pourquoi ?

Fabian

Parce que je suis plein de microbes. Je ne voudrais pas te les passer.

Jordan

Ben voyons ! La bonne excuse !

Fabian

Mais c'est vrai. Tu voudrais d'une angine virale infectieuse, avec une otite et doublée en plus d'une bronchite asthmatique ?

Jordan

Ça existe ça ?

Fabian

La preuve !

Jordan

Non merci alors. Garde tes miasmes !

Fabian

Tu vois ! Alors, ne te plains pas... et mange ! Il y a beaucoup de gens qui souffrent de malnutrition...

Jordan

Quelle idée de faire une salade quand il pleut !

Fabian

Je ne vois pas le rapport ?

Jordan

Eh bien les salades se mangent quand il fait beau et chaud ! Et aujourd'hui, il fait froid et moche !

Fabian

Mais enfin, les salades se dégustent en toute saison !

Jordan

Faux ! Pas en hiver !

Fabian

Mais nous ne sommes pas en hiver !!!

Jordan

Ah si ! Aujourd'hui on dirait bien qu'on est en hiver ! On se pèle ! Pourquoi n'as-tu pas préparé un bon potage plutôt ?

Fabian

Si tu n'es pas content, tu n'as qu'à mettre ta

salade à chauffer dans le micro-onde...

Jordan (*le singeant*)

Très drôle ! (*puis, retirant le ver de son assiette*) Je suis consterné de voir ce que tu veux me faire avaler...

Jordan regarde sa salade et la mange avec hésitation. Il mâche tout en faisant des grimaces de dégoût. Son frère lui reproche alors :

Fabian

Tu exagères ! On dirait que tu as une assiette remplie de vers !

Jordan

UN c'est déjà trop !

Fabian

Mais tu l'as retiré enfin ! Mange maintenant ! Qu'est-ce qui te gêne ?

Jordan

Ce qui me gêne, c'est qu'il s'est baladé partout !!!

Fabian

Mais non... Il était déjà mort quand j'ai sorti la salade du frig...

Fabian, se rendant compte qu'il vient de faire une gaffe, met sa main devant sa bouche et reste tout confus. Son frère le dévisage et se met dans une colère noire :

Jordan

Non mais... je rêve ! Tu le **SAVAIS** et tu ne m'as rien dit ! Tu m'as laissé manger une salade pourrie et un ver gluant !!! Tu as osé ?

Fabian

Non pas pourrie... riche en protéines et le ver n'était pas gluant, il était croustillant au contraire ! *Au paroxysme, Jordan se lève et se rapproche de son frère l'air menaçant. Ne sachant plus où se mettre, Fabian lui répond :* Il n'y a plus rien dans le frigo, ni dans les placards. On va au resto ? Je t'invite !

Jordan (*se calmant*)

D'accord mais je ne débourse pas un centime ! On est d'accord ?

Fabian

On est d'accord. *Les deux frères s'apprêtent à partir. À ce moment, Fabian fait remarquer à son frère* : Tu sais qu'un peu partout dans le monde, il y a des restaurants où l'on te sert des insectes ? Les gens en raffolent !!!

Jordan, exaspéré, se retourne et se met à poursuivre son frère.

Fabian

Mais attends ! Je n'ai pas dit qu'on allait y aller !!!

Tous deux disparaissent derrière les rideaux.

Fin de la 6^{ème}scène.

7e scène : un peu de sport

Pour cette nouvelle et dernière scène, Fabian et Jordan ont décidé de se rendre à la salle de sport. Jordan se voudrait un peu plus musclé et Fabian souhaiterait avoir de beaux abdominaux.

Fabian commence par faire un peu de vélo d'appartement et Jordan soulève des haltères. Fabian regarde son frère d'un air amusé :

Jordan

Qu'est-ce qui te fait sourire comme ça ?

Fabian

Rien. Rien.

Jordan

Si, tu viens de sourire.

Fabian

Je repensais à quelque chose, c'est tout.

Jordan

Dis-moi ce qui te fait sourire !

Fabian

Mais il faut te le dire en quelle langue ? En suédois ? en Polonais ? en Chinois ? Je pensais à autre chose, c'est tout ! Capito ?

Jordan

Ce n'est pas plutôt les poids que je soulève qui te font rire ?

Fabian

Ah noooonnn ! Pas du tout ! Au contraire, respect ! Je ne pourrais pas en faire autant.

Jordan

Ah oui ?

Fabian

Oui. Je te l'assure. C'est bien trop lourd.

Jordan

C'est normal. Tu n'as aucune force, tu n'as que du gras et aucun biscoteau !

Fabian

La vraie force n'est pas dans les biceps que l'on a…

Jordan

Ah ça y est ! Le voilà reparti dans ses grandes

théories ! Ça manquait...

Fabian

Combien de poids soulèves-tu ?

Jordan

Environ quarante kilos.

Fabian

Ce n'est pas beaucoup pour un grand gaillard comme toi. Tu n'as peut-être plus autant de force qu'avant...

Jordan

Occupe-toi de tes mollets de coq...

Fabian

Je croyais que j'étais tout gras ? Ce n'est pas très cohérent ce que tu viens de dire... Maintenant, j'ai des mollets de coq ! Il faudrait savoir...

À ce moment, un des haltères se détache et tombe juste devant le pied de Jordan. Ce dernier ayant eu une belle frayeur, hurle aussitôt après son frère :

Jordan

Tu l'as fait exprès ! Je t'ai vu !!! Tu es content ? Hein, tu es content ??? Tu imagines ! S'il était tombé sur mon pied ???

Fabian interdit, s'arrête tout à coup de pédaler :

Fabian

Moi ? Mais... mais... de quoi ? Je n'ai pas bougé, je pédale depuis tout à l'heure !!!

Jordan

Si ! Je les ai vus !

Fabian

Qui ?

Jordan

Tes yeux !

Fabian

Mes yeux ???

Jordan

Oui ! Tu me regardais juste à ce moment-là !

Au moment même où l'haltère s'est décrochée !

Fabian

Et alors ?

Jordan

Alors… tu m'as jeté un **SORT** !!!

Fabian

Pardon ???

Jordan

Espèce de… espèce de **SORCIER** va ! Tu vas finir comme Jeanne d'Arc ! Au bûcher !!!

Fabian

Mais tu dérailles complètement !!! Tu es complètement fou ma parole !!! Ce n'est pas possible autrement…

Jordan

Je te dis que c'est **TOI** !!! Tes yeux sont **DIABOLIQUES** !

Fabian

Mais c'est **TOI** qui es en pleine crise de démence !!!

Jordan

Ah oui ???

Fabian (*s'adressant au public*)

Mon pauvre... pauvre frère... ! Je le savais...

Jordan

Ça y est. Il remet ça...

Fabian

Mon pauvre... pauvre jumeau ! Si jeune ! Quel malheur ! Mais quel malheur !

Jordan

Dis, t'en fais pas un peu trop ?

Fabian se prend la tête dans ses mains et se met à sangloter.

Fabian

Pourquoi ? Pourquoi fallait-il que cela lui

arrive ? Je ne veux pas que mon frère soit interné !

Jordan

Interné ???

Fabian

Je ne supporterai pas d'avoir cette dernière image de lui ! Pourquoi ?

Jordan

Mais enfin, c'est toi qui est en pleine crise d'hystérie !!!

Fabian

Pourquoi m'infliger un tel supplice ? Pourquoi donc ? C'est injuste !!!

Jordan (*affolé, il le saisit et le secoue*)
Arrête ! Reprends-toi voyons ! Ça suffit !

Fabian

Pourquoi ? Pourquoi ? Qu'ai-je fait pour mériter cela ?

Jordan

Mais c'est qu'il pleure vraiment ma parole !

Fabian s'assoit, inconsolable. Jordan reste stupéfait et ne dit plus un mot. Puis, au bout d'un moment, Jordan passe son épaule autour de son frère et lui dit : Ne pleure pas petit frère.

Fabian

Petit frère ? Tu m'as appelé petit frère ? Mais tu as dit que tu étais né après moi et que tu étais donc plus jeune.

Jordan

Je te taquinais en te répétant ces propos. Et puis, tu sais pourquoi je t'appelle petit frère ?

Fabian

Non pourquoi ?

Jordan

C'est difficile à dire...

Fabian

Je t'écoute.

Jordan (*se prenant la tête dans les mains*)

Arhhhhhhhgghh ! Je n'y arrive pas ! C'est trop dur !

Fabian (*séchant ses larmes*)

Tu m'inquiètes Jordan.

Jordan

Je... Je...

Fabian

Tu... tu quoi ?

Jordan (*explosant*)

Je n'ai jamais réussi à te le dire !!!

Fabian

Eh bien mais vas-y ! Qu'est-ce que tu attends ? Qu'il fasse nuit ?

Jordan

Je t'ai dit petit frère parce que je t'aime et que

tu es un jumeau exceptionnel. Je serais toujours là pour veiller sur toi et te protéger, même si je suis né quelques secondes après toi.

Fabian (*ému*)

Jordan... Tu ne m'avais jamais parlé comme ça...

Jordan

Mais oui !!! C'est ce que je me tue à te **DIRE** !!!

Fabian

Alors si tu m'aimes, pourquoi te comportes-tu ainsi avec moi depuis ces dernières années ?

Jordan

Je n'arrivais pas à te dire que je t'adorais. Tu as toujours été un exemple pour moi et parfois j'étais jaloux. J'étais fâché contre moi et du coup, contre toi aussi. J'avais plus de facilité à te dire que je te détestais. Tu comprends ?

Fabian

Heu...à peu près...

Jordan

Je suis désolé. J'étais en colère, c'est tout. Et parfois, quand on est en colère, on dit des choses qu'on ne pense pas.

Fabian

Alors ça veut dire que tu es normal ? Enfin, normal c'est beaucoup dire, mais tu es redevenu comme avant ?

Jordan passe la main dans les cheveux de son frère et lui répond :

Jordan

Ben oui !

Fabian

Enfin je te retrouve ! C'est vraiment du temps perdu que de se disputer. Ce n'est pas très intelligent tu sais.

Jordan

Oui, c'est sûr. Nous allons rattraper le temps perdu. Tu es d'accord ?

Fabian

Avec plaisir !

Jordan

Bon. On rentre à la maison ? Finalement, c'est épuisant de hurler après toi à longueur de journée. Je suis mort de fatigue ! Il était temps que ça s'arrête !

Fabian

C'est vrai. *Les deux frères s'éloignent.* Oh mince ! J'ai oublié quelque chose ! Vas-y, pars devant, je te rejoins. (*Son frère se retire. Fabian s'adresse alors au public*) Pas mal le coup de pleurer comme un bébé pour apaiser une colère... Ainsi on évite les conflits... (*Il part et revient sur scène*) Au fait ? Tout à fait entre nous : vous êtes sûrs qu'on est jumeaux ?

Au loin, son frère lui demande :

Jordan

Qu'est-ce que tu dis ? Tu m'as parlé ?

Fabian

Non, non, ce n'est rien. Je... je me parle à moi-même !

Jordan (*toujours au loin*)

À part cela, c'est moi qui suis fou !!!

Fabian sort de scène.

FIN

Plus d'infos sur les livres de l'auteure sur :

www.valerie-gasnier.fr

ou www.lemondedesdoonies.fr

© 2024, Valérie GASNIER

Édition : BoD – Books on Demand,

info@bod.fr

Impression : BoD – Books on Demand,

In de Tarpen 42, Norderstedt

(Allemagne)

Impression à la demande

ISBN : 978-2-3225-2053-4

Dépôt légal : Janvier 2024